Η ΑΛΥΣΙΔΑ ΑΞΙΑΣ ΤΟΥ MICHAEL PORTER

ΒΑΣΙΚΕΣ ΠΛΗΡΟΦΟΡΙΕΣ

- **Ονόματα:** αλυσίδα αξίας, αλυσίδα αξίας του Michael Porter.

- **Χρήσεις:** βελτίωση της ανταγωνιστικότητας, μείωση του κόστους, αύξηση της δημιουργίας αξίας.

- **Γιατί είναι επιτυχημένη;** Μπορεί να προσαρμοστεί σε όλους τους τύπους επιχειρήσεων, ενισχύει δραστικά την απόδοση και περιλαμβάνει μια σειρά από σαφή, σαφώς καθορισμένα βήματα.

- **Λέξεις κλειδιά:** ανταγωνιστικό πλεονέκτημα, δημιουργία αξίας, αναλυτικό εργαλείο, υποδιαίρεση δραστηριοτήτων.

ΕΙΣΑΓΩΓΗ

Ιστορία

Ο καθηγητής του Harvard Business School Michael E. Porter (γεννημένος το 1947) είναι γνωστός για το έργο του σχετικά με την ανταγωνιστική στρατηγική, την ανταγωνιστικότητα και την οικονομική ανάπτυξη εθνών, κρατών και περιοχών.

Τη δεκαετία του 1980, άρχισε να εξετάζει την έννοια του ανταγωνιστικού πλεονεκτήματος και ανέπτυξε μια σειρά από στρατηγικές θεωρίες στο βιβλίο *Competitive Advantage:* (1985). Πολλές από αυτές τις θεωρίες υιοθετήθηκαν γρήγορα από τις επιχειρήσεις που ήθελαν να βελτιώσουν τα αποτελέσματά τους.

Σύμφωνα με τον ίδιο, οι επιχειρήσεις επιτυγχάνουν υπεροχή μέσω της κυριαρχίας τους στις ανταγωνιστικές δυνάμεις, γνωστές ως "οι πέντε δυνάμεις του Porter". Πρόκειται για μια βασική έννοια του σύγχρονου μάνατζμεντ, η οποία διερευνήθηκε από τον Porter στο βιβλίο *Competitive Strategy: Techniques for Analyzing Industries and Competitors* (1980-επανεκδόθηκε με νέα εισαγωγή το 1998).

Ορισμός του μοντέλου

Η αλυσίδα αξίας είναι μια σειρά ενεργειών που πραγματοποιούνται προκειμένου να παραδοθεί ένα πολύτιμο προϊόν ή υπηρεσία στην αγορά.

Κάθε εταιρεία, ένωση ή οργανισμός που δημιουργεί αξία και θέλει να βελτιώσει την ανταγωνιστικότητά του μπορεί να χρησιμοποιήσει την αλυσίδα αξίας για να επιτύχει τους στόχους του. Το μοντέλο επιτρέπει στις επιχειρήσεις να αναλύσουν κάθε δραστηριότητά τους, προκειμένου να βελτιώσουν κάθε βήμα όσο το δυνατόν περισσότερο, μεγιστοποιώντας με αυτόν τον τρόπο το ανταγωνιστικό τους πλεονέκτημα. Η αλυσίδα αξίας είναι ένα πολύτιμο εργαλείο στη στρατηγική διοίκηση, καθώς εργάζεται για την τοποθέτηση ενός προϊόντος ή μιας υπηρεσίας στην αγορά.

Η αλυσίδα αξίας έχει τρεις κύριους στόχους:

* βελτίωση των υπηρεσιών

* μείωση του κόστους

* δημιουργούν αξία.

ΘΕΩΡΙΑ

ΔΗΜΙΟΥΡΓΙΑ ΑΞΙΑΣ

Προτού μπορέσουν να αναπτύξουν ανταγωνιστικό πλεονέκτημα, οι εταιρείες πρέπει να κατανοήσουν την έννοια της δημιουργίας αξίας. Πρόκειται για ένα αναλυτικό σύστημα που έχει σχεδιαστεί για να αναλύει τις διάφορες λειτουργίες μιας εταιρείας και να εξετάζει το κόστος τους, με στόχο την όσο το δυνατόν αποτελεσματικότερη κατανομή των πόρων σε όλη την αλυσίδα. Αυτό επιτρέπει τη στρατηγική τοποθέτηση των προϊόντων στην αγορά με βάση το κόστος ή τη διαφοροποίησή τους.

Το κόστος μπορεί να μειωθεί με:

- βελτιστοποίηση της διαδικασίας κατασκευής,

- αγοράζοντας πρώτες ύλες σε χαμηλότερο κόστος,

- καινοτομία,

- να εργάζονται πάνω στη λειτουργικότητα ενός προϊόντος για μεγαλύτερη διαφοροποίηση,

- αύξηση της ποιότητας κατασκευής,

- βελτίωση της εξυπηρέτησης πελατών,

- μείωση των χρόνων παράδοσης μέσω καλής υλικοτεχνικής οργάνωσης.

Μια αποτελεσματική ανάλυση των διαφόρων λειτουργιών της εταιρείας μπορεί να ενισχύσει την παραγωγικότητα και να οδηγήσει σε βιώσιμη και κερδοφόρα ανάπτυξη.

ΕΞΑΡΤΗΜΑΤΑ

Το μοντέλο του Porter περιλαμβάνει εννέα κύριες λειτουργίες δημιουργίας αξίας, οι οποίες χωρίζονται σε δύο κατηγορίες:

- Υπάρχουν πέντε κύριες δραστηριότητες που επηρεάζουν άμεσα την προστιθέμενη αξία του τελικού προϊόντος. Η κατηγορία αυτή περιλαμβάνει τις δραστηριότητες που σχετίζονται με την εισερχόμενη εφοδιαστική (1), τις λειτουργίες (2), την εξερχόμενη εφοδιαστική (3), το μάρκετινγκ και τις πωλήσεις (4) και τις υπηρεσίες (5).

- Υπάρχουν τέσσερις υποστηρικτικές δραστηριότητες που εμπλέκονται έμμεσα στη δημιουργία της τελικής προστιθέμενης αξίας. Πρόκειται για τις δραστηριότητες που σχετίζονται με την υποδομή της επιχείρησης (1), τους ανθρώπινους πόρους (2), την τεχνολογική ανάπτυξη (3) και τις προμήθειες (4).

👁 Η ΕΠΙΛΟΓΗ ΤΩΝ ΔΡΑΣΤΗΡΙΟΤΗΤΩΝ ΠΟΥ ΠΑΡΑΓΟΥΝ ΑΞΙΑ

Η επιλογή των δραστηριοτήτων που παράγουν αξία βασίζεται σε τρία κριτήρια:

Βασίζονται σε διαφορετικούς οικονομικούς μηχανισμούς;

Αποτελούν σημαντικό μέρος του κόστους;

Επηρεάζουν άμεσα το ανταγωνιστικό πλεονέκτημα;

Ο Porter αναπαριστά την επιχείρηση χρησιμοποιώντας ένα απλό διάγραμμα, στο οποίο οι κύριες δραστηριότητες τοποθετούνται κάθετα, ενώ οι υποστηρικτικές δραστηριότητες τοποθετούνται οριζόντια. Το περιθώριο κέρδους αντιπροσωπεύει τη διαφορά μεταξύ της τελικής αξίας του προϊόντος και του συνολικού κόστους που συνδέεται με αυτό (δημιουργία, λανσάρισμα κ.λπ.). Το μέγεθος του περιθωρίου εξαρτάται από το ανταγωνιστικό πλεονέκτημα καθεμιάς από τις εννέα λειτουργίες της επιχείρησης. Κάθε επιχείρηση έχει το δικό της διάγραμμα, το οποίο ποικίλλει ανάλογα με πολυάριθμους διαφορετικούς παράγοντες, όπως ο χαρακτήρας της, ο κλάδος της, η τοποθέτησή της και η αποτελεσματικότητά της.

 # ΑΝΤΑΓΩΝΙΣΤΙΚΟ ΠΛΕΟΝΕΚΤΗΜΑ

Το ανταγωνιστικό πλεονέκτημα μιας εταιρείας έναντι των ανταγωνιστών της μπορεί να διαπιστωθεί συγκρίνοντας τις αλυσίδες αξίας τους. Η ποιότητα μιας δραστηριότητας έχει άμεσο αντίκτυπο στο κόστος, στην ικανοποίηση των πελατών και στο μέγεθος του περιθωρίου κέρδους. Η ανάλυση μιας λειτουργίας δεν δίνει πάντα θετικό αποτέλεσμα, καθώς μπορεί να αποδειχθεί ότι ορισμένες λειτουργίες καταναλώνουν αξία ή παράγουν λιγότερη αξία από τους ανταγωνιστές της εταιρείας.

Πρωτογενείς δραστηριότητες

Οι πρωταρχικές δραστηριότητες είναι οι κύριες λειτουργίες που οργανώνονται σε μια εταιρεία. Συμβάλλουν άμεσα στη δημιουργία του προϊόντος, στη δραστηριότητα μάρκετινγκ, στην πολιτική πωλήσεων, στην παράδοση στον τελικό πελάτη και στην εξυπηρέτηση μετά την πώληση. Αν και δεν λειτουργούν όλες οι επιχειρήσεις με τον ίδιο τρόπο, οι περισσότερες από αυτές ασκούν αυτές τις πέντε πρωταρχικές δραστηριότητες:

- **(1) Η εισερχόμενη εφοδιαστική** αναφέρεται στη διαδικασία απόκτησης πόρων, συμπεριλαμβανομένων των πρώτων υλών, της παραλαβής των υλικών αυτών, της καταχώρησης αποθεμάτων κ.λπ.

- **(2) Οι δραστηριότητες** περιλαμβάνουν τη χρήση πρώτων υλών, την παραγωγή αγαθών, τον έλεγχο ποιότητας, τη συσκευασία, τη συντήρηση κ.λπ.

- **(3) Η εξερχόμενη εφοδιαστική** περιλαμβάνει την παραγωγή αποθεμάτων, την προετοιμασία παραγγελιών, την παράδοση σε διανομείς και τελικούς πελάτες κ.λπ.

- **(4) Το μάρκετινγκ και οι πωλήσεις** περιλαμβάνουν την προώθηση, την επικοινωνία, την τιμολόγηση, τη διαφήμιση, τη διαχείριση των καναλιών διανομής κ.λπ.

- **(5) Οι υπηρεσίες** περιλαμβάνουν επισκευή, συντήρηση, υπηρεσίες μετά την πώληση κ.λπ.

👁 Η ΔΙΑΣΥΝΔΕΣΗ ΤΩΝ ΠΡΩΤΟΓΕΝΩΝ ΔΡΑΣΤΗΡΙΟΤΗΤΩΝ

Οι δραστηριότητες αυτές δεν είναι ανεξάρτητες η μία από την άλλη και ο καλός έλεγχος ενός συστατικού μπορεί να έχει θετικό αντίκτυπο στα άλλα στοιχεία της αλυσίδας. Οι διάφορες λειτουργίες συνδέονται μεταξύ τους, γεγονός που μπορεί να οδηγήσει σε μια σειρά από συνέπειες όταν υπάρχουν αλλαγές στις δραστηριότητες. Αυτές οι συνδέσεις, οι οποίες συχνά περνούν απαρατήρητες, διαδραματίζουν σημαντικό ρόλο στη διαχείριση του κόστους και στο ανταγωνιστικό πλεονέκτημα.

Δραστηριότητες υποστήριξης

Οι υποστηρικτικές δραστηριότητες συμβάλλουν στην ομαλή λειτουργία των επιχειρήσεων, επιτρέποντας στην εταιρεία να εκτελεί και να συντονίζει τις κύριες δραστηριότητές της με σκοπό τη μεγιστοποίηση της αποδοτικότητας. Οι δραστηριότητες αυτές είναι:

- **(Α) Υποδομή της εταιρείας**, η οποία περιλαμβάνει τη γενική, οικονομική και διοικητική διαχείριση, τη νομική υπηρεσία και τα τμήματα που είναι υπεύθυνα για τον προγραμματισμό, τον ποιοτικό έλεγχο κ.λπ.

- **(Β) Ανθρώπινοι πόροι**, οι οποίοι εμπλέκονται στις διαδικασίες πρόσληψης, κατάρτισης, αμοιβών, διαχείρισης δεξιοτήτων, οργανωτικής δομής, πολιτικής μπόνους, απολύσεων κ.λπ.

- **(Γ) Η έρευνα και ανάπτυξη** περιλαμβάνει την επιλογή της έρευνας και της τεχνολογίας, την ικανότητα καινοτομίας, την ανάπτυξη προϊόντων ή υπηρεσιών, την ασφάλεια των προϊόντων, τη διαχείριση των διπλωμάτων ευρεσιτεχνίας κ.λπ.

- **(Δ) Η προμήθεια (ή προμήθεια)** περιλαμβάνει μεθόδους αγοράς πρώτων υλών, εξεύρεσης προμηθευτών, διαπραγματεύσεις με προμηθευτές, ενοικίαση χώρων κ.λπ.

Οι υποστηρικτικές δραστηριότητες ενδέχεται να επηρεάσουν ορισμένες από τις κύριες δραστηριότητες. Ωστόσο, αν και οι λειτουργίες που περιγράφονται παραπάνω είναι κοινές, δεν υπάρχουν σε κάθε εταιρεία.

 # ΧΡΗΣΗ ΤΗΣ ΑΛΥΣΙΔΑΣ ΑΞΙΑΣ

Θεωρητικά, είναι προτιμότερο για τις επιχειρήσεις να χρησιμοποιούν την αλυσίδα αξίας του Porter πριν επιλέξουν τη στρατηγική τους και την τοποθέτηση για κάθε προϊόν. Ωστόσο, στην πράξη αυτό δεν συμβαίνει πάντα.

ΕΝΑ ΠΡΟΣΑΡΜΟΣΙΜΟ ΜΟΝΤΕΛΟ

Κατά τον ορισμό αυτής της έννοιας, ο Porter τονίζει την επείγουσα ανάγκη για μια εξατομικευμένη προσέγγιση. Συμβουλεύει τις επιχειρήσεις να επιλέξουν πρώτα μεταξύ μιας σύντομης ή μακράς αλυσίδας αξίας, ανάλογα με τη σημασία ή την έλλειψη σημασίας ορισμένων δραστηριοτήτων. Μερικές φορές είναι επίσης απαραίτητο να αναδιοργανωθεί η αλυσίδα αξίας προκειμένου να ξεχωρίσει από τους ανταγωνιστές. Τέλος, ο Porter επισημαίνει ότι το κλειδί για το ανταγωνιστικό πλεονέκτημα βρίσκεται τόσο στην αναδιοργάνωση όσο και στη διασύνδεση των διαφόρων δραστηριοτήτων. Πράγματι, εάν μία από τις δραστηριότητες εξελίσσεται ανεξάρτητα από τις άλλες, μπορεί να υπάρξει ανισορροπία μεταξύ των διαφόρων συνιστωσών που δημιουργεί νέο κόστος.

 # ΕΦΑΡΜΟΓΕΣ ΓΙΑ ΠΑΡΟΧΟΥΣ ΥΠΗΡΕΣΙΩΝ

Παρόλο που η ορολογία που χρησιμοποιείται για την παρουσίαση της έννοιας συνδέεται με την κατασκευή προϊόντων ("αποθήκευση", "παραγωγή", "επισκευή" κ.λπ.), η αλυσίδα αξίας λειτουργεί εξίσου καλά με τις εταιρείες που παρέχουν υπηρεσίες.

ΠΕΡΙΟΡΙΣΜΟΙ ΚΑΙ ΕΠΕΚΤΑΣΕΙΣ

ΠΕΡΙΟΡΙΣΜΟΙ ΚΑΙ ΚΡΙΤΙΚΕΣ

Αν και το μοντέλο του Porter αναπτύχθηκε τη δεκαετία του 1980, παραμένει επίκαιρο και σήμερα και εξακολουθεί να παρέχει τα απαραίτητα εργαλεία για τις επιχειρήσεις που επιθυμούν να αυξήσουν την προστιθέμενη αξία των δραστηριοτήτων τους και να μειώσουν το κόστος παραγωγής τους. Ωστόσο, παρά την αναμφισβήτητη αποτελεσματικότητά του, η αλυσίδα αξίας έχει ορισμένους περιορισμούς και υπόκειται όλο και περισσότερο σε κριτική.

Πρώτον, η εφαρμογή αυτής της μεθόδου είναι σχετικά χρονοβόρα και περίπλοκη:

- ο όγκος των δεδομένων που απαιτούνται για τη χρήση της αλυσίδας αξίας είναι τεράστιος και συχνά δύσκολο να αποκτηθεί,

- το περιθώριο ερμηνείας είναι πολύ μεγάλο, γεγονός που μπορεί να βλάψει την ανάλυση και να αλλοιώσει το τελικό αποτέλεσμα,

- η έλλειψη ακρίβειας θα μπορούσε να επηρεάσει την ανάλυση.

Δεύτερον, η επιθυμία να διατηρήσουν ανταγωνιστικό πλεονέκτημα σε μια αγορά οδηγεί τις επιχειρήσεις στην υιοθέτηση πολιτικών διαχείρισης του κόστους, γεγονός που αποτελεί από μόνο του έναν από τους κύριους περιορισμούς του μοντέλου. Εάν όλες οι επιχειρήσεις χρησιμοποιούν αυτή τη στρατηγική διαχείρισης κόστους, οι τιμές θα γίνονται όλο και χαμηλότερες, αλλά οι επιχειρήσεις δεν μπορούν να μειώνουν το κόστος επ' αόριστον.

Τρίτον, είναι δύσκολο να προσδιοριστεί η έννοια της δημιουργίας αξίας που συνδέεται με αυτή την αλυσίδα, καθώς η αξία γίνεται αντιληπτή με διαφορετικό τρόπο από διαφορετικούς οικονομολόγους:

- Τα νεοκλασικά οικονομικά (αρχές ^{του 19ου} αιώνα) βασίζονται στην υποκειμενική χρησιμότητα ή στη σχετική αξία που συνδέεται με την ανταλλαγή και τη μη ανταλλαγή του κόστους παραγωγής. Με άλλα λόγια, η αξία ενός προϊόντος εξαρτάται από την αξία ενός άλλου προϊόντος στην ίδια αγορά.

- Σε αυτό αντιτίθεται η κλασική οικονομική επιστήμη (μεταξύ 1760 και 1848, στη Γαλλία και την Αγγλία), η οποία αντιλαμβάνεται την αξία ως απόλυτη και προσδιοριζόμενη σύμφωνα με τα χαρακτηριστικά του αντικειμένου.

Το μοντέλο του Porter φαίνεται να είναι πιο κοντά στη νεοκλασική σκέψη και βασίζεται στην ερμηνεία της βούλησης του πελάτη. Γενικότερα, οι επικριτές του τον κατηγορούν για συνολική έλλειψη σαφήνειας και ακρίβειας στους ορισμούς του και πιστεύουν ότι η θεωρία του στερείται των εμπειρικών δεδομένων που θα χρειάζονταν για να δικαιολογηθεί.

Οι περιορισμοί και οι επικρίσεις που περιγράφονται παραπάνω δεν αποτελούν εξαντλητικό κατάλογο και πολλοί συμφωνούν ότι τα θεμέλια της αλυσίδας έχουν συμπληρωθεί από το έργο άλλων λιγότερο γνωστών οικονομολόγων. Ωστόσο, αν και σίγουρα πρέπει να χρησιμοποιείται με προσοχή, η αλυσίδα αξίας παραμένει ένα ζωτικής σημασίας εργαλείο στη διοίκηση των επιχειρήσεων.

ΣΧΕΤΙΚΑ ΜΟΝΤΕΛΑ ΚΑΙ ΕΠΕΚΤΑΣΕΙΣ

Οι πέντε δυνάμεις του Porter

Ο Michael Porter προσπαθούσε πάντα να κατανοήσει τα ζητήματα που σχετίζονται με τον ανταγωνισμό. Λίγα χρόνια πριν από τη δημοσίευση της έρευνάς του για την αλυσίδα αξίας, συνειδητοποίησε ότι η ανταγωνιστική δομή μιας επιχείρησης ήταν πολύ στενά καθορισμένη. Καθιέρωσε επίσης το μοντέλο των "πέντε δυνάμεων του Porter", το οποίο μπορεί να χρησιμοποιηθεί για τη διατήρηση του ανταγωνιστικού πλεονεκτήματος και τη διασφάλιση της μακροπρόθεσμης κερδοφορίας. Οι δυνάμεις αυτές είναι οι εξής:

- **Ανταγωνισμός στον κλάδο.** Οι εταιρείες του ίδιου κλάδου μάχονται για να διατηρήσουν τη θέση τους.

- **Διαπραγματευτική δύναμη των προμηθευτών.** Όσο πιο ισχυρός είναι ένας προμηθευτής, τόσο περισσότερο μπορεί να επιβάλει όρους (τιμή, ποιότητα, ποσότητα). Το αντίθετο ισχύει για τους λιγότερο ισχυρούς προμηθευτές.

- **Διαπραγματευτική δύναμη των πελατών.** Επιβάλλουν απαιτήσεις σχετικά με την τιμή, την υπηρεσία και την ποιότητα, οι οποίες με τη σειρά τους επηρεάζουν την κερδοφορία μιας αγοράς.

- **Απειλή από νεοεισερχόμενους.** Αυτό εξαρτάται από παράγοντες όπως το μέγεθος της αγοράς (οικονομία κλίμακας), η επιθυμία για διαφοροποίηση των επιχειρήσεων, το κόστος εισόδου, η πρόσβαση σε πρώτες ύλες και τα τεχνικά πρότυπα. Οι νέοι ανταγωνιστές αναπόφευκτα διαταράσσουν την ιεραρχία των παραγόντων της αγοράς.

- **Απειλή προϊόντων υποκατάστασης.** Αντιπροσωπεύουν μια εναλλακτική λύση στην προσφορά της αγοράς και γενικά έχουν καλύτερη σχέση ποιότητας-τιμής.

Κάθε στοιχείο αυτού του μοντέλου επηρεάζεται έμμεσα από το νόμο και τους κανονισμούς που θεσπίζουν οι δημόσιες αρχές.

ΠΡΑΚΤΙΚΗ ΕΦΑΡΜΟΓΗ

ΣΥΜΒΟΥΛΕΣ ΚΑΙ ΚΟΡΥΦΑΙΕΣ ΣΥΜΒΟΥΛΕΣ

Σε αντίθεση με τη γενική λογιστική, η αλυσίδα αξίας δεν είναι νομικά δεσμευτική, αλλά παραμένει ένα σημαντικό εργαλείο στην εταιρική διοίκηση. Αν και είναι δυνατές διάφορες προσεγγίσεις, συνιστάται ιδιαίτερα η χρήση της παραδοσιακής μεθόδου έξι βημάτων που περιγράφεται παρακάτω.

Ρύθμιση της ανάλυσης

Η πρώτη φάση είναι ο καθορισμός του πεδίου που θα εξεταστεί. Αυτό απαιτεί καλή κατανόηση της παραγωγικής διαδικασίας σύμφωνα με την αλυσίδα αξίας και τον προσδιορισμό όλων των συνδέσεων μεταξύ των διαφόρων δραστηριοτήτων. Το επόμενο βήμα είναι ο καθορισμός του σημείου εκκίνησης (οι προμηθευτές πρώτων υλών) και του σημείου τερματισμού (το απόθεμα των τελικών προϊόντων ή ο πελάτης) των συνολικών διαδικασιών της εταιρείας.

Χαρτογράφηση της τρέχουσας αλυσίδας αξίας

Αυτό περιλαμβάνει τη σύνταξη της αντιπροσωπευτικής αλυσίδας αξίας της εταιρείας από το Α έως το Ω, θυμόμενοι να συμπεριλάβετε όλα τα διαφορετικά στάδια. Γενικά, τα στάδια αυτά απεικονίζονται με τετράγωνα, τα αποθέματα με τρίγωνα και οι μεταφορές με βέλη.

Αυτή η απλουστευμένη αλυσίδα αξίας μπορεί να αντιπροσωπεύει την κεντρική αγορά (1), η οποία αποστέλλει τα αγαθά που είναι αποθηκευμένα για αγορά (2). Στη συνέχεια, τα αγαθά αποστέλλονται στο εργαστήριο (3), όπου υποβάλλονται σε ποιοτικό έλεγχο (4), πριν ενταχθούν στο απόθεμα των τελικών προϊόντων (5). Μόλις παραγγελθούν τα προϊόντα, μεταφέρονται στην περιοχή διανομής (6).

Συλλογή αυθεντικών δεδομένων

Το βήμα αυτό αποσκοπεί στη συλλογή σχετικών πληροφοριών για όλες τις δραστηριότητες και τις συνδέσεις, αλλά και στην επαλήθευση της αυθεντικότητάς τους. Τα στοιχεία που πρέπει να συλλεχθούν διαφέρουν από εταιρεία σε εταιρεία ανάλογα με τη δομή και τον τομέα της. Για παράδειγμα, μια εταιρεία παροχής υπηρεσιών δεν ενδιαφέρεται για τις διαδικασίες παραγωγής, σε αντίθεση με μια βιομηχανική εταιρεία. Οι βιομηχανίες πρέπει να μάθουν περισσότερα σχετικά με τη διάρκεια ενός κύκλου δραστηριότητας, τον αριθμό των εργαζομένων που απαιτούνται για κάθε φάση, την απόσταση και το χρόνο μεταφοράς μεταξύ κάθε βήματος, το κόστος των δραστηριοτήτων, την αποδοτικότητα των χρησιμοποιούμενων μηχανημάτων, τον κύκλο εργασιών των αποθεμάτων, την αξία των περιουσιακών στοιχείων, την αναλογία ελαττωματικών προϊόντων κ.λπ.

Υποβολή του διαγράμματος και των δεδομένων

Στη συνέχεια, είναι χρήσιμο να συζητηθεί η σχεδιαζόμενη αλυσίδα αξίας με τους ενδιαφερόμενους. Για παράδειγμα, θα πρέπει να ζητηθεί η γνώμη των εργαζομένων σχετικά με το διάγραμμα κατασκευής. Στην πραγματικότητα, τα μέλη της ομάδας μπορεί να έχουν διαφορετική άποψη για τη διαδικασία της εταιρείας και η διαβούλευση μαζί τους μπορεί να διορθώσει τυχόν πτυχές που έχουν παρερμηνευτεί. Συνιστάται να προστεθεί στο διάγραμμα σε αυτό το στάδιο η διάρκεια εκτέλεσης και η διάρκεια αξιολόγησης. Η πρώτη εκτιμά το χρόνο που απαιτείται για την ολοκλήρωση της διαδικασίας, ενώ η δεύτερη μετρά το χρόνο για την ενσωμάτωση της αξίας. Η σύγκριση αυτών των δύο στοιχείων μπορεί να βοηθήσει στον εντοπισμό περιοχών προς βελτίωση.

Αναδιάρθρωση της αλυσίδας αξίας

Το πέμπτο βήμα περιλαμβάνει την εξέταση του καταλόγου ερωτήσεων που καταρτίστηκε το 1999 από τον Mike Rother και τον John Shook. Η απάντηση σε αυτές τις ερωτήσεις επιτρέπει στην εταιρεία να επανεξετάσει και ενδεχομένως να επανασχεδιάσει την αλυσίδα αξίας. Τα οκτώ θέματα που εξετάζουν οι δύο αυτοί οικονομολόγοι αποσκοπούν στην προώθηση του ανταγωνιστικού πλεονεκτήματος και ο σκοπός αυτής της φάσης είναι ουσιαστικά η αλλαγή ή η εξάλειψη των δραστηριοτήτων που δημιουργούν μικρή ή καθόλου αξία. Όσο πιο κοντά είναι η περίοδος εκτέλεσης στην περίοδο ανάπτυξης, τόσο περισσότερο η εταιρεία έχει καταφέρει να μειώσει τις περιττές μεταβιβάσεις της. Μόλις δημιουργηθεί το βέλτιστο (ή η ισορροπία), είναι καιρός να εκπροσωπηθεί η εταιρεία μέσω μιας αναδιαρθρωμένης αλυσίδας αξίας.

Οι οκτώ ερωτήσεις των Mike Rother και John Shook είναι οι εξής:

• Ποια είναι η διάρκεια της αλυσίδας αξίας;

• Η παραγωγή φυλάσσεται σε ένα κατάστημα ή αποστέλλεται απευθείας στην αποβάθρα αποστολής;

- Σε ποια τμήματα της αλυσίδας αξίας μπορείτε να χρησιμοποιήσετε την επεξεργασία συνεχούς ροής;

- Πού θα χρειαστεί να χρησιμοποιήσετε το σύστημα έλξης σούπερ μάρκετ;

- Σε ποιο μοναδικό σημείο της αλυσίδας παραγωγής ("διαδικασία βηματοδότη") θα προγραμματίσετε την παραγωγή;

- Πώς θα βελτιώσετε την παραγωγή;

- Πώς θα προγραμματίσετε τη διαδικασία του βηματοδότη;

- Ποιες σχετικές βελτιώσεις διαδικασιών θα απαιτηθούν;

 ΣΠΡΩΞΤΕ ΚΑΙ ΤΡΑΒΗΞΤΕ

Οι ροές ώθησης και έλξης είναι η ροή αγαθών, εμπορευμάτων ή άλλων στοιχείων που απορρέουν από προβλέψεις. Οι ροές έλξης καθοδηγούνται από τις προβλέψεις, ενώ οι ροές ώθησης δημιουργούνται από τις παραγγελίες των πελατών.

Αφού απαντήσετε σε αυτές τις ερωτήσεις, είναι σημαντικό να:

- ποσοτικοποίηση του ανταγωνιστικού πλεονεκτήματος με βάση μια ανταγωνιστική αλυσίδα αξίας στην αγορά,

- να ενσωματώσει τα διάφορα περιουσιακά στοιχεία της εταιρείας,

- να αξιολογήσει τις δραστηριότητες που δημιουργούν αξία,

- θεωρούν ότι το ανταγωνιστικό πλεονέκτημα δεν προέρχεται μόνο από την απόδοση κάθε δραστηριότητας, αλλά και από τις συνδέσεις μεταξύ τους.

Σχεδιασμός δράσεων βελτίωσης

Αφού η εταιρεία προσδιορίσει τις δραστηριότητες που μπορούν να βελτιωθούν, πρέπει να βρει τα απαραίτητα μέσα για να ενισχύσει την απόδοσή της. Συνιστάται να βασιστεί στο επανασχεδιασμένο διάγραμμα και να καταγράψει όλα τα καθήκοντα των εννέα δραστηριοτήτων (κύριων και υποστηρικτικών). Από τους προμηθευτές μέχρι τις πρώτες τροποποιήσεις, η εταιρεία θα πρέπει να επαναφέρει την ανάλυση παρακολούθησης σε κάθε στάδιο από το σημείο εκκίνησης. Πράγματι, μια επανασχεδιασμένη δραστηριότητα μπορεί να έχει αντίκτυπο στις άλλες λόγω των μεταξύ τους συνδέσεων και οι τροποποιήσεις αυτές μπορεί να επηρεάσουν την αλυσίδα αξίας της εταιρείας.

Η επιτυχία αυτού του βρόχου ανάλυσης, όπου το σημείο εκκίνησης είναι πάντα το ίδιο, βασίζεται σε τέσσερις κανόνες:

- η διαδικασία είναι συνεχής και σέβεται τον κύκλο παραγωγής,

- η αλυσίδα επιτρέπει απλό και αποτελεσματικό έλεγχο της παραγωγής,

- η εταιρεία επωφελείται από τις βελτιώσεις στη διαχείριση των δαπανών και των παραγγελιών,

- η ταχύτητα εκτέλεσης αυξάνεται, ενώ ο όγκος του αποθηκευμένου αποθέματος μειώνεται.

Συμβουλές

Η αλυσίδα αξίας του Porter είναι ένα κοινό εργαλείο στον τομέα της διοίκησης, αλλά η λανθασμένη χρήση μπορεί να μειώσει την αποτελεσματικότητά της. Τα πιο συνηθισμένα λάθη είναι τα εξής:

- Η ανακρίβεια κατά τον προσδιορισμό του πεδίου εφαρμογής της αλυσίδας αξίας.

- Ανάπτυξη μιας αλυσίδας αξίας από ένα διάγραμμα που διαστρεβλώνει τις σχέσεις μεταξύ των δραστηριοτήτων.

- Ξεχνάτε ένα βήμα στην αλυσίδα αξίας. Επομένως, είναι ιδιαίτερα σκόπιμο να παρακολουθείτε φυσικά τη διαδρομή του προϊόντος εντός της εταιρείας, από τα αποθέματα πρώτων υλών έως την αποστολή του τελικού προϊόντος, ώστε να διασφαλίζεται ότι κάθε βήμα περιλαμβάνεται πλήρως στην ανάλυση.

ΜΕΛΕΤΗ ΠΕΡΙΠΤΩΣΗΣ – ΒΙΟΜΗΧΑΝΙΚΗ ΕΤΑΙΡΕΙΑ

Πλαίσιο

Αν και το μοντέλο του Porter δεν περιορίζεται σε βιομηχανικές επιχειρήσεις, επιλέξαμε να χρησιμοποιήσουμε το παράδειγμα μιας εταιρείας χάλυβα που περιλαμβάνει μια μακρά αλυσίδα αξίας. Αυτή η χαλυβουργική εταιρεία πάλεψε σκληρά για να γίνει ηγέτης της παγκόσμιας αγοράς. Εκτός από τις συγχωνεύσεις και άλλες εξαγορές, η ικανότητά της να προσαρμόζεται την κατέστησε ηγέτη στον τομέα της. Η εταιρεία χρησιμοποίησε διάφορες μεθόδους για να βελτιώσει τη διαχείριση των επιχειρήσεών της, συμπεριλαμβανομένης της αλυσίδας αξίας.

Η κύρια δραστηριότητά της είναι η συναρμολόγηση διαφόρων μηχανών και εργαλείων που μπορούν να χαράξουν λεπτά σπειρώματα σε χαλύβδινους σωλήνες. Μόλις συναρμολογηθούν, επιτρέπουν στους πελάτες να εξάγουν αέριο ή πετρέλαιο.

Η εταιρεία αγοράζει τις πρώτες ύλες της (χάλυβας και χυτοσίδηρος) και τα εξωτερικά εξαρτήματα από διάφορους προμηθευτές. Οι αγορές αποθηκεύονται πριν ανακατευθυνθούν στο κέντρο διαλογής, όπου πρέπει να περάσουν από έλεγχο συμμόρφωσης. Αφού ελεγχθούν, αποθηκεύονται σε έναν χώρο που ονομάζεται "απόθεμα που ανήκει στην εταιρεία". Στη συνέχεια, τα εξαρτήματα αποστέλλονται στο εργαστήριο. Για την εταιρεία αυτή, η διαχείριση των αποθεμάτων είναι ένα περίπλοκο έργο, δεδομένου ότι μόνο το 80% των εξαρτημάτων είναι πανομοιότυπα από το ένα μηχάνημα στο άλλο. Οι πελάτες έχουν τους δικούς τους σωλήνες και οι συσκευές πρέπει να μπορούν να προσαρμόζονται σε αυτούς. Η κατασκευή του προϊόντος είναι μια πολύ σύνθετη διαδικασία και διαρκεί τέσσερις έως έξι μήνες. Μόλις ολοκληρωθούν, τα μηχανήματα αποθηκεύονται πριν υποβληθούν σε μια σειρά δοκιμών για να διασφαλιστεί η σωστή λειτουργία τους. Στη συνέχεια συσκευάζονται για την ελαχιστοποίηση των ζημιών και μεταφέρονται στον τελικό προορισμό τους. Επιπλέον, η εταιρεία ασχολείται και με την επισκευή κακώς βαθμονομημένου, ελαττωματικού ή ξεπερασμένου εξοπλισμού.

Αυτή η διαδικασία κατασκευής, που αναπτύχθηκε πριν από 25 και πλέον χρόνια, χρησιμοποιείται ακόμη και σήμερα, αν και έχουν γίνει κάποιες αλλαγές. Η εταιρεία έχει αναδιοργανώσει τη δομή της για να βελτιώσει τα αποτελέσματά της, παρά την πολυπλοκότητα και το υψηλό κόστος. Αυτή ήταν μια αναγκαία απόφαση για να διατηρήσει η εταιρεία τη θέση της ως παγκόσμιος ηγέτης στον τομέα.

Αναδιοργάνωση της αλυσίδας αξίας εντός της εταιρείας

Για να προβεί σε πλήρη επανεξέταση της οργάνωσής της, η εταιρεία χρησιμοποίησε μια εξωτερική ομάδα εξειδικευμένων εμπειρογνωμόνων διαχείρισης:

- Σε συνεργασία με τους διευθυντές, ξεκίνησαν με τη χαρτογράφηση των προς ανάλυση δραστηριοτήτων και την επιλογή ενός σημείου εκκίνησης (παραλαβή πρώτων υλών) και ενός σημείου τερματισμού (παράδοση στους πελάτες). Ωστόσο, ήταν απαραίτητο να συνδεθεί η πέμπτη βασική επιχειρηματική δραστηριότητα με την τρίτη, καθώς μετά την επισκευή των μηχανημάτων στην πέμπτη δραστηριότητα, αυτά ανακατευθύνονται στον πελάτη.

- Στη συνέχεια σχεδίασαν την αλυσίδα αξίας, φροντίζοντας να αναφέρουν τα στάδια (τετράγωνα), τα αποθέματα (τρίγωνα) και τη μεταφορά (βέλη).

- Στη συνέχεια, η εξωτερική ομάδα ετοίμασε ένα ερωτηματολόγιο 20 σελίδων για να συγκεντρώσει ακριβή στοιχεία με βάση τους τομείς δραστηριότητας της εταιρείας. Οι διευθυντές και οι μηχανικοί τους απάντησαν πρώτα στις ερωτήσεις που αφορούσαν ειδικά τον τομέα τους. Στη συνέχεια, για τον έλεγχο και την προσαρμογή των δεδομένων, οι εμπειρογνώμονες έκαναν τις πληροφορίες αυτές διαθέσιμες σε όλους τους εργαζόμενους. Τα σχόλιά τους διευκρίνιζαν τις απαντήσεις που είχαν δοθεί προηγουμένως. Η εξωτερική ομάδα εκτίμησε επίσης τη διάρκεια του χρόνου εκτέλεσης και αποκατάστασης προκειμένου να εντοπίσει τις πιθανές αιτίες καθυστέρησης: μετά από σύγκριση, τα ευρήματα υπέδειξαν ότι ο χρόνος εκτέλεσης ήταν πολύ μεγάλος.

Οι απαντήσεις στις ερωτήσεις των Rother και Shook επέτρεψαν στους εμπειρογνώμονες να εντοπίσουν τις διάφορες ελλείψεις της αλυσίδας αξίας της εταιρείας. Η εταιρεία ανακάλυψε ότι:

- Το ανταγωνιστικό της πλεονέκτημα στην αλυσίδα αξίας προέρχεται από την αποτελεσματική διαχείριση των αποθεμάτων πρώτων υλών.

- Τα περιουσιακά της στοιχεία βασίζονταν ουσιαστικά στο κόστος παραγωγής που συνδεόταν με το άριστο εργατικό δυναμικό και την παραγωγικότητα των μηχανημάτων.

- Υπήρχαν δύο σημεία για πιθανή βελτίωση, το ένα σε επίπεδο παραγωγής και το άλλο σε οργανωτικό επίπεδο. Το πρώτο αποκάλυψε ότι ένας μεγάλος αριθμός μηχανημάτων δεν ανταποκρινόταν στις απαιτήσεις των πελατών, ενώ το δεύτερο έδειξε ότι ο χρόνος μεταξύ των φάσεων και των περιοχών αποθήκης ήταν πολύ μεγάλος.

- Πολλά κομμάτια έσπασαν κατά τη διαδικασία κατασκευής. Αυτό δεν οφειλόταν σε λάθη στην παραγωγή, αλλά στις αγορές που γίνονταν πιο μακριά στην αλυσίδα, και πιο συγκεκριμένα στα αντικείμενα που είχαν ανατεθεί σε εξωτερικούς συνεργάτες.

Μετά τη βελτίωση της αλυσίδας αξίας που παρείχαν οι εμπειρογνώμονες, η εταιρεία σημείωσε τρεις σημαντικές αλλαγές:

- μειωμένος χρόνος κατασκευής του μηχανήματος,

- μειωμένο κόστος κατασκευής,

- βελτίωση της προσφοράς τελικών προϊόντων, τα οποία ανταποκρίνονται περισσότερο στις προσδοκίες των πελατών.

Αναλύοντας τις διάφορες διαδρομές παραγωγής, η εταιρεία μπόρεσε στη συνέχεια να βελτιώσει ορισμένες δραστηριότητες για να βελτιστοποιήσει τα αποτελέσματα και να διατηρήσει την ηγετική της θέση στην αγορά.

Λόγοι για παγκόσμια ηγεσία

* **Συντονισμός με τους πελάτες.** Ένα σημαντικό πρόβλημα που αντιμετώπισε η εταιρεία ήταν η έλλειψη ακρίβειας στην εκτέλεση των παραγγελιών των πελατών. Οι μηχανές έπρεπε να χαράζουν σπειρώματα στους σωλήνες που υπήρχαν στο εργαστήριο, ακόμη και αν η διάμετρος του σωλήνα δεν ανταποκρινόταν πάντα στις απαιτήσεις του πελάτη. Στη συνέχεια έπρεπε να επιστρέψουν στην εταιρεία για προσαρμογές. Αυτό το προφανές οργανωτικό πρόβλημα επιλύθηκε με την κατασκευή μιας αποθήκης που προοριζόταν για τους σωλήνες των πελατών. Τα μηχανήματα μπορούν τώρα να λειτουργούν με ακρίβεια και η εταιρεία δεν ανησυχεί πλέον για τα παράπονα.

* **Η οργάνωση της εταιρείας.** Στην αρχή, η εταιρεία ήταν απλώς μια μικρή επιχείρηση με λίγους υπαλλήλους. Με την πάροδο των ετών είδε τον αριθμό των παραγγελιών της να αυξάνεται εκθετικά. Η εταιρεία αναπτύχθηκε σταδιακά, αυξάνοντας τις εκτάσεις των αποθεμάτων και τον αριθμό των χώρων που προορίζονται για εργαστήρια και γραφεία. Όταν το πρώτο τοπικό υποκατάστημα έγινε πολύ μικρό για να εκτελεί εργασίες, η εταιρεία έχτισε ένα δεύτερο και στη συνέχεια ένα τρίτο, όπου αποθηκεύονταν προσεκτικά οι πρώτες ύλες και τα τελικά προϊόντα. Οι εμπειρογνώμονες παρατήρησαν ότι η μεταφορά βαρέων αποθεμάτων μεταξύ των πρώτων εγκαταστάσεων (που χρησιμοποιούνταν για

την παραγωγή) και της τρίτης χρειαζόταν πολύ χρόνο και ότι τα αποθέματα έπρεπε να διασχίσουν ολόκληρο το εργαστήριο για να φτάσουν στη γραμμή συναρμολόγησης. Η εταιρεία αποφάσισε τότε να αντιστρέψει τις λειτουργίες των δύο πρώτων αποθηκών. Η διάταξή τους σύμφωνα με τη ροή εργασιών μείωσε τις αποστάσεις μεταξύ του εργαστηρίου, των χώρων απογραφής και των κέντρων διαλογής και ελέγχου.

• **Βελτίωση της ποιότητας των εξωτερικών εξαρτημάτων**. Τα δεδομένα έδειξαν ότι υπήρχαν πάρα πολλά σπασμένα κομμάτια και οι αναλύσεις έδειξαν ότι αυτά προέρχονταν κυρίως από υπεργολάβους στην Ανατολική Ευρώπη. Το πρόβλημα ήταν η ποιότητα των πρώτων υλών τους. Για να παραμείνει η εταιρεία ανταγωνιστική, δεν μπορούσε να κατασκευάσει η ίδια αυτά τα μηχανικά μέρη ή να αλλάξει τους προμηθευτές της, καθώς όλοι τους ήταν σχετικά ακριβότεροι. Για να διασφαλίσει την ποιότητα, η εταιρεία αγοράζει πλέον πρώτες ύλες από προμηθευτές στη Γαλλία, τις οποίες στέλνει στην Τσεχική Δημοκρατία και την Πολωνία για την κατασκευή των εξαρτημάτων της. Παρόλο που η τιμή του κόστους αυξήθηκε, η εταιρεία επωφελείται τώρα από τη μείωση του αριθμού των παραγγελιών.

Χωρίς αυτές τις σημαντικές αλλαγές, η εταιρεία δεν θα μπορούσε να παραμείνει παγκόσμιος ηγέτης της αγοράς. Ο επανασχεδιασμός της αλυσίδας αξίας περιελάμβανε σύνθετες αποφάσεις οι οποίες, αν και δαπανηρές, αποδείχθηκαν επωφελείς για ολόκληρη την εταιρεία.

ΠΕΡΙΛΗΨΗ

- Η έννοια της αλυσίδας αξίας που ανέπτυξε ο Michael Porter εμφανίστηκε για πρώτη φορά στο βιβλίο του *Competitive Advantage* του 1985: *Creating and Sustaining Superior Performance*.

- Η αλυσίδα αξίας είναι ένα μοντέλο διαχείρισης επιχειρήσεων που χαρτογραφεί τη δημιουργία αξίας εντός μιας εταιρείας.

- Αυτό το αναλυτικό εργαλείο επιτρέπει στις εταιρείες να αναλύουν όλες τις δραστηριότητές τους για να εντοπίζουν και να βελτιώνουν τους λιγότερο αποδοτικούς τομείς προκειμένου να μεγιστοποιήσουν το ανταγωνιστικό τους πλεονέκτημα.

- Η αλυσίδα αξίας περιλαμβάνει εννέα δραστηριότητες, οι οποίες μπορούν να χωριστούν σε δύο κατηγορίες: πέντε κύριες δραστηριότητες και τέσσερις υποστηρικτικές δραστηριότητες.

- Η ανάλυση της αλυσίδας αξίας περιλαμβάνει έξι στάδια: προσδιορισμός της περιοχής που πρέπει να εξεταστεί, κατάρτιση της αλυσίδας αξίας, συλλογή και επαλήθευση δεδομένων, υποβολή των δεδομένων στα μέλη της ομάδας για ανατροφοδότηση, αναδιοργάνωση της αλυσίδας και προγραμματισμός δράσης.

- Το εργαλείο αυτό έχει πολλά πλεονεκτήματα: μπορεί να προσαρμοστεί σε όλους τους τύπους επιχειρήσεων, βελτιώνει την ανταγωνιστικότητα, παρέχει σαφή και σαφώς καθορισμένα βήματα για την αποτελεσματική διεξαγωγή της ανάλυσης της αλυσίδας αξίας κ.λπ.

- Ωστόσο, η αξιολόγηση είναι μια μακρά διαδικασία που απαιτεί μεγάλο όγκο δεδομένων. Επιπλέον, η προσωπική ερμηνεία παίζει σημαντικό ρόλο, γεγονός που μπορεί να καταστήσει το μοντέλο λιγότερο ακριβές.

- Η αλυσίδα αξίας μπορεί να χρησιμοποιηθεί παράλληλα με άλλα εξίσου σημαντικά μοντέλα στη διοίκηση επιχειρήσεων, όπως το περίφημο μοντέλο των πέντε δυνάμεων του Porter.

- Η αλυσίδα αξίας είναι ένα ισχυρό εργαλείο, αλλά θα πρέπει να χρησιμοποιείται με προσοχή. Για να είναι αποτελεσματική, είναι σημαντικό να γίνει κατανοητό ότι κάθε ανάλυση διαφέρει από εταιρεία σε εταιρεία.

- Η βελτίωση της αλυσίδας αξίας περιλαμβάνει σύνθετες αποφάσεις, οι οποίες, όταν εφαρμόζονται με επιτυχία, επιτρέπουν στις εταιρείες να επιτύχουν τους στόχους τους.

ΠΕΡΑΙΤΕΡΩ ΑΝΑΓΝΩΣΗ

ΒΙΒΛΙΟΓΡΑΦΙΑ

Hartwich, F., Devlin, J. and Kormawa, P. (2011) Industrial Value Chain Diagnostics: Ολοκληρωμένο εργαλείο. *Οργανισμός Βιομηχανικής Ανάπτυξης των Ηνωμένων Εθνών.* [Online]. [Πρόσβαση 10 Απριλίου 2018]. Διαθέσιμο από: < https://www.unido.org/sites/default/files/2011-07/IVC_Diagnostic_Tool_0.pdf>

Lachat, D. (2007) Chaînes de valeur, modèles entrepreneuriaux et étalonnage. *Archive ouverte en Sciences de l'Homme et de la Société.* [Online]. [Accessed 10 April 2018]. Διαθέσιμο από: < https://halshs.archives-ouvertes.fr/halshs-00124439/>

Magretta, J. (2012) *La Méthode Michael Porter.* Montreal: Éditions Transcontinental.

Porter, M. E. (1998) *Ανταγωνιστικό πλεονέκτημα: Creating and Sustaining Superior Performance.* Νέα Υόρκη: Simon & Schuster.

Porter, M. E. (2008) Οι πέντε ανταγωνιστικές δυνάμεις που διαμορφώνουν τη στρατηγική. *Harvard Business Review.* [Online]. [Πρόσβαση 10 Απριλίου 2018]. Διαθέσιμο από: < https://hbr.org/2008/01/the-five-competitive-forces-that-shape-strategy>

Rother, M. και Shook, J. (1999) *Μαθαίνοντας να βλέπεις: Value Stream Mapping to Add Value and Eliminate MUDA.* Cambridge: The Lean Enterprise Institute of Brookline Massachusetts.

Zeroual, T. , Blanquart, C. and Carbone, V. (2011) Supply Chain Management : portée et limites. L'Apport des théories des réseaux. *Les cahiers de recherche de l'ESCE*. [Online]. [Accessed 10 April 2018]. Διαθέσιμο από: < https://hal. archives-ouvertes.fr/hal-00595752>

ΠΡΟΣΘΕΤΕΣ ΠΗΓΕΣ

Harvard Business Review. (2011) *HBR's 10 Must Reads on Strategy.* Βοστώνη: Harvard Business School Publishing.

Magretta, J. (2012) *Understanding Michael Porter: The Essential Guide to Competition and Strategy.* Βοστώνη: Harvard Business School Publishing.

Θέλουμε να σας ακούσουμε!
Αφήστε ένα σχόλιο για την ηλεκτρονική σας βιβλιοθήκη
και μοιραστείτε τα αγαπημένα σας βιβλία στα μέσα κοινωνικής δικτύωσης!

MASLOW'S HIERARCHY OF NEEDS
Gain vital insights into how to motivate people
Personal accomplishment
Esteem
Belonging
Security
Physiologic
THE SWOT ANALYSIS
Strengths
Weaknesses
SWOT
Opportunities
Threats

Κύριο ISBN: 9782808600224
ISBN: 9782808601672
Νόμιμη κατάθεση: D/2022/12603/168

Ψηφιακός σχεδιασμός: Primento,
ο ψηφιακός συνεργάτης των εκδοτών.